Carrière

Steinbruch ethnologisch - kulturwissenschaftlicher Beiträge

# CARRIÈRE

## STEINBRUCH ETHNOLOGISCH-KULTURWISSENSCHAFTLICHER BEITRÄGE

Herausgegeben von Kalden-Consulting

Wolf Hannes Kalden

# GEDÄCHTNISORT HIROSHIMA
# - EIN RUNDGANG -

Die Deutsche Bibliothek – CIP Einheitsaufnahme

Kalden, Wolf Hannes (Hg):
Carrière - Steinbruch ethnologisch-kulturwissenschaftlicher Beiträge
Band: Kalden, Wolf Hannes: Gedächtnisort Hiroshima – ein Rundgang.

2. überarbeitete Auflage


Buch:           ISBN 978-3-942818-24-7
E-Book:         ISBN 978-3-942818-25-4

© Verlag: Kalden-Consulting Flörsbachtal 2020
Herstellung: Books on Demand GmbH, Norderstedt

Cover: Der Atombombendom ist die Ruine der Industrie- und
Handelskammer (Quelle: Friedensmuseum Hiroshima)

Biographische Informationen der Deutschen Bibliothek

Die Deutsche Bibliothek verzeichnet diese Publikation in der Deutschen
Nationalbibliographie; detaillierte bibliographische Angaben sind im
Internet über http://dnb.ddb.de abrufbar.

# Inhaltsverzeichnis

# Gedächtnisort Hiroshima – ein Rundgang

Pragmatisch gesehen bezeichnet ‚Hiroshima' eine japanische Hafenstadt sowie die gleichnamige Präfektur. Jedoch beinhaltet, je nach japanischer Schreibweise, der Name eine andere Konnotation. Geschrieben mit den weitgehend aus dem alten China übernommenen sino-japanischen Schriftzeichen (*kanji*)[1], weist dieser sowohl auf Hiroshima als einfache geographische Beschreibung als auch auf das Bild einer florierenden Burgstadt des ausgehenden 19. Jahrhunderts hin, wohingegen die im Bereich des Tourismus und der Veranstaltungsindustrie zunehmend häufiger verwendete Schreibung mit der weichen, rundlichen, in Japan selber entwickelten *Hiragana*-Schrift[2] eine heimatlich anmutende Assoziation tradiert. Der in den weniger weichen Schriftzeichen der fast zeitgleich in Japan entwickelten *Katakana* gehaltene und auf den Slogan *No more Hiroshimas* zurückgehende Schriftzug[3] impliziert dagegen sofort den Zusammenhang mit dem ‚atomaren Holocaust'[4] vom 6. August 1945.

---

[1] Schreibweise: 広島
[2] Schreibweise: ひろしま
[3] Schreibweise: ヒロシマ
[4] In der deutschen Erinnerungsdiskussion wird verdrängt, dass der Begriff ‚Holocaust' in seiner ursprünglichen Verwendung im 20. Jahrhundert die atomare Massenvernichtung von Hiroshima und Nagasaki bezeichnete und erst in den 1970er Jahren das deutsche Wort ‚Endlösung' in den Diskussionen ersetzte. ‚Holocaust' wird äquivalent auch mit dem hebräischen Wort ‚Shoah' bezeichnet. Eine ähnliche Wandlung machte in den vergangen Jahren ‚Ground Zero' mit, welches ursprünglich das Hypozentrum des ersten Atomwaffentests vom 16.07.1945 kennzeichnete.

Die Grundlagen für den Wiederaufbau der gänzlich zerstörten Stadt Hiroshima wurden bereits Anfang 1946 gelegt, als auf Einladung des Präfekturgouverneurs Tsunei Kusunose verschiedene Vorschläge zur weiteren Zukunft diskutiert wurden. Die Entwürfe reichten vom Extrem des Erhalts dieser verbrannten und unbelebten Fläche als ewige Mahnung an den Weltfrieden, über eine Ansiedlung zahlreicher Buddhistischer Klöster – sozusagen als religiöse Antwort auf diese atomare Realisierung der buddhistischen Weltuntergangsvorstellungen (*mappō*), als was es von einigen Zeitzeugen betrachtet wurde – bis hin zum Wiederaufbau als begrünte Stadt, in der überall Bäume stehen sollten. Bekanntermaßen fiel die Entscheidung zugunsten des Wiederaufbaus, wobei gleich zu Beginn ein Raum für eine Gedenkstättenanlage berücksichtigt worden ist, deren räumliche Achse die Stadt durchschneiden sollte. Eine noch im Zuge der Luftschutzmaßnahmen geschlagene Schneise durch das Zentrum der Stadt wurde zur senkrecht zu dieser Achse liegenden ‚Friedensstraße' (*Heiwa o-dori*) ausgebaut, die noch heute auf einer Breite von 100 m vier Kilometer der Innenstadt teilt. Der Umstand, dass 1945 eine gesamte Stadt zerstört und ähnlich eines Phönix als florierende Wirtschaftsmetropole wiederaufgebaut worden ist, die reine Anzahl der in den letzten 60 Jahren errichteten Mahnmale und Gedenkstätten und die der als Gedächtnisorte ausgeschriebenen architektonischen Relikte und der am Leben gebliebenen Pflanzen, führte zu einer Gleichsetzung der Stadt Hiroshima mit dem Erinnerungsort Hiroshima. Allein in und um den Friedenspark (*Heiwa kōen; Peace Memorial Park*) finden sich 74 Mahnmale. Hinzu kommen 46 als Erinnerungsorte klassifizierte Bäume, 18 Gebäude, sechs Brücken und elf Monumente. Werden zusätzlich noch die *jibunshi*[5] der Überlebenden der atomaren Bombardierung, den

---

[5] Unter *jibunshi* – wörtlich Eigengeschichten – werden Biographien verstanden. Insbesondere solche, in denen Überlebende die Zeit des Zweiten Weltkrieges (für sich selber) aufarbeiten.

*Hibakusha*[6], und die im Rahmen der Friedensbewegung (*heiwa undō*) für die *Hibakusha* erreichten Verbesserungen hinzu genommen, finden sich Beispiele für alle Modelle, die Soziologen wie beispielsweise Gertrud Koch für eine Repräsentation des Holocaust, wenn auch bezogen auf den deutschen, heranziehen. Die Einrichtung des Friedensmuseums (*Peace Memorial Museum; Heiwa kinenkan*) bedient mit seinem Anspruch der Aufklärung und seiner Unterstützung der Friedenserziehung (*heiwa kyōiku*) an japanischen Schulen das ,politisch-erzieherische Modell'. Die Zeremonien und *jibunshi*, die sozusagen „den Toten ihre Stimme zurückgeben", sind Beispiele eines ,moralisch-theologischen Modells'. Wohingegen die unter anderem durch die Friedensbewegung erreichten Verbesserungen der sozialen Situation der *Hibakusha* das ,psychologische Modell' implementieren.[7]

Das am Rande der Gedenkstätte errichtet Friedensmuseum wird privat in Form einer Stiftung geführt und gehört zu einer Reihe ähnlicher, über ganz Japan verteilter, Einrichtungen, die als Friedensmuseen (*heiwa hakubutsukan*) einen eigenen Museumstyp darstellen.[8] Die Etablierung und Förderung dieser Museen hängen eng mit den Bemühungen der UNESCO zusammen, weltweit eine ,Kultur des Friedens' zu etablieren. Seinen Beitrag hierzu sieht das Friedensmuseum von Hiroshima weder darin, Besucher provokativ mit der japanischen Vergangenheit zu konfrontieren, noch darin, zu aggressiv gegen die weltweit vorhandenen Atomwaffenarsenale zu insistieren, sondern bannt den Besucher auf eine subtilere Art und Weise. Seit den Umbaumaßnahmen der Jahre 1990/91, welche ungefähr sieben Millionen US-Dollar gekostet haben, stellt das Museum ein besucherfreundliches Multimediazentrum dar, das sich grob in drei Bereiche unterteilen lässt: die Geschichte der Stadt

---

[6] Der Begriff Hibakusha umfasst – vereinfacht ausgedrückt – die Überlebenden des Abwurfes, die innerhalb der nächsten Wochen die Stadt betreten habende Personen, deren Kinder, sowie nächste Angehörige.
[7] Vgl. Koch 2001:124-126.
[8] Zu den Friedensmuseen in Japan vgl. Duffy 1997.

Hiroshima, die Ereignisse während und nach der Atombomben-katastrophe sowie die Entwicklung nuklearer Waffen und deren weltweite Verbreitung. Da der Besuch eines Friedensmuseums integraler Bestandteil der *Curricula* japanischer Mittel- (*chūgakkō*) und Oberschulen (*kōkōgakkō*) ist, finden sich unter den jährlich zwei Millionen Besuchern viele Schulklassen, denen entgegenkommend einige multimediale Einrichtungen speziell auf die Bedürfnisse von Kindern und Jugendlichen zugeschnitten sind.

Architektonisch gesehen stellte das Friedensmuseum bei seiner Errichtung 1955 den ersten größeren Bau des japanischen Architekten Tange Kenzō dar, welcher sich mit seiner Idee bei einer öffentlichen Ausschreibung 1949 durchgesetzt hatte. Hierbei griff er auf ein bereits ausgearbeitetes Konzept zurück, das – noch während des Krieges – eine monumentale Denkmalanlage zu Ehren der Errichtung der Großasiatischen Wohlstandssphäre (*Daitōa kensetsu kinen eizō keikaku*) realisieren sollte. Die Planung von Tange sah eine Anlage in Form eines Shintō[9] -Schreines am Fuße des Berges Fuji (*Fuji-san*) vor. Auf dem dreieckigen Grundriss waren vier Gebäude geplant. Eine zentrale Achse sollte vom Eingang des Gebäudes in der Mitte zu einem Denkmal führen, das an einer der Spitzen des Dreiecks steht. An dieser Achse sollten auch die Zeremonien stattfinden. Jedoch mit der Kriegsniederlage

---

[9] Die Veränderungen, die der Shintō in den vergangenen Jahrhunderten durchlief – insbesondere in Form des nationalistischen Staats-Shintō in der zweiten Hälfte des 19. und 1. Hälfte des 20. Jahrhunderts –, außer Acht lassend, bezeichnet der Begriff die Kulte und Glaubensvorstellungen Japans in Abgrenzung zum im 6. Jahrhundert eingeführten Buddhismus. In seinem ursprünglichen Charakteristikum als Oberbegriff für eine Vielzahl regionaler Kulte besitzt Shintō als polytheistisch-animistische Religion weder eine Gründerfigur, noch Dogmen oder ein einheitliches Gedankengebäude. Vereinheitlichend treten vor allem Ritus und Architektur in den Vordergrund. Die verschiedenen Kulte kamen analog mit den Einwanderern aus dem sibirisch-mongolischen Raum, Austronesien wie auch aus China und Korea und wurden erst mit der Errichtung eines frühen japanischen Staatswesens im 7. Jahrhundert zum Shintō zusammengefasst.

wurde natürlich auch der Plan für diese monumentale Gedenkstätte fallengelassen und eine Realisation fand lediglich in der verkleinerten Version des Friedensparks statt, wobei der so genannte Atombombendom, das ist die Ruine der beim Abwurf zerstörten Industrie- und Handelskammer, an die Stelle des vorgesehenen Denkmals gerückt ist. Die Achse, deren anderes Ende am Haupteingang des Friedensmuseum liegt, wird von dem Zenotaph und der ihn umgebenden Anlage gebildet.

Während im Kellergeschoss des Museums sich das Lager, in dem der größte Teil der rund 5000 weitgehend aus Nachlässen stammenden Artefakte lagern, ein japanischer Steingarten sowie Konferenzräume befinden, beginnt die Dauerausstellung im Erdgeschoss gegenüber dem Haupteingang des Ostflügels. Zuerst wird dem Besucher die Geschichte der Stadt Hiroshima bis 1945 visualisiert, wobei, wie auch in den folgenden Räumen, alle Artefakte und Bilder in japanischer und englischer Sprache beschriftet sind. Darüber hinaus stehen in den einzelnen Räumen Monitore zur Verfügung, an denen Kurzerläuterungen in 14 verschiedenen Sprachen abgerufen werden können und es besteht die Möglichkeit, Audiogeräte mit Hörtexten weiterer Sprachen auszuleihen. In der Mitte des ersten Raumes befinden sich sowohl ein Modell des ‚alten‘ Hiroshima als auch eines, das die Stadt unmittelbar nach der atomaren Zerstörung darstellt. Auf darüber angebrachten Monitoren laufen Filme in Endlosschleifen, die den Einsatz jeweils aus amerikanischer und japanischer Perspektive zeigen. Der Zugang zum nächsten Ausstellungsbereich im ersten Stock führt an den Überresten der Originalkuppel der ehemaligen Industrie- und Handelskammer und heutigen Atombombendoms vorbei. Hier im zweiten Raum werden anhand von Texten, Bildern und Modellen die Auswirkungen der Explosion auf die Gebäude der Stadt vor Augen geführt. Über eine weitere Treppe wird der Besucher in den dritten Abschnitt geführt, in welchem sich Informationen über Entstehung, Verbreitung und Wirkung von Nuklearwaffen im Allgemeinen finden. Von diesem Raum aus gelangen die Besucher in einen Aufenthaltsraum mit Museumsshop, bevor die dritte Sektion folgt, welche die Auswirkungen der Explosion und ihre Langzeitwirkungen darstellt. Die Auswirkungen der Atombombe auf ihre Umgebung in Form von durch Hitze- und Druckwelle verursachten Schäden werden hier anhand von Texten geschildert und durch Photo- und Filmdokumente veranschaulicht. Dazu finden sich viele bauliche Artefakte der für Atombomben markanten Beschädigungen: von Glassplittern gespickte oder vom ‚schwarzen Regen' (*kuroi ame*) verfärbte Betonwände, verbogene Stahltore sowie Beispiele der bekannten ‚Schattenumrisse', hervorgerufen durch verdampfende Personen oder Gegenstände, welche während der Explosion mit ihren Leibern und Körpern einzelne Bereiche des jeweiligen Artefaktes vor der Hitzestrahlung geschützt hatten. Die eigentliche Fokussierung der Ausstellung liegt allerdings bei den Relikten aus dem persönlichen Besitz der Opfer. Sie spielen hier die gleiche Rolle wie ihre Äquivalente in den Ausstellungen ehemaliger Konzentrationslager. Da zu jedem dieser Relikte, die hier schon wie Reliquien gehandhabt werden und sich teilweise auch aus früheren Grabbeigaben zusammenstellen, welche im Zuge der Überführung des Toten auf reguläre Friedhöfe dem Museum vermacht wurden, persönliche Geschichten existieren, erhält die gesamte Ausstellungskonzeption eine sehr emotionale Ebene. Die Legenden zu den Relikten bieten zuerst immer, nicht unähnlich der biographischen *jibunshi*, Angaben zum Ort des Geschehens, der Entfernung zum Hypozentrum, Nennung des Stadtteils und des früheren Besitzers inklusive seines Alters. Daran schließt eine kurze Geschichte des Fundstückes an, wie es das folgende Beispiel veranschaulicht:

„Shinichi Tetsutani (then 3 years and 11 months) was exposed while riding his trycicle in front of his house and died the same day. Because Shinichi's father felt, that lying a 3-year-old alone in a distant grave was too pitifull, he buried this trycicle in the backyard along with his son. In the summer of 1985, 40 years later, his bones were dug up and placed in a formal grave. The tricycle was donated to the Peace Memorial Museum."[10]

Zwar ruft der Name Hiroshima immer auch die Erinnerung an andere Städte wie Nanking oder Manila wach, die von japanischen Truppen im zweiten Chinesisch-Japanischen Krieg bzw. Zweiten Weltkrieg überrannt und, mit einem alten aber sehr passenden Begriff der deutschen Sprache ausgedrückt, magdeburgisiert wurden. Jedoch wird dies in der Dauerausstellung nicht thematisiert und eine Reflexion des totalen Krieges als Rahmenbedingung des Atombombenabwurfs findet lediglich am Rande statt. Gerade dies in Verbindung mit der starken Emotionalität der Artefakte werfen Kritiker dem Friedensmuseum vor, indem sie ähnlich der jährlichen Gedenkfeier einen Versuch sehen, die Opferrolle Japans unter Verdrängung der eigenen Verbrechen zu institutionalisieren.[11] Dabei liegt hier eine tiefgehende Fehlinterpretation des Friedensmuseums von Hiroshima zugrunde. Es ging bei der Planung dieser Gedenkstätte nie um eine ausgewogene Darstellung der damaligen Ereignisse in ihrem historischen Kon-text, wie es von einem regulären Museum erwartet wird, sondern dieses Museum, dessen ursprüngliches Konzept auf einem Schrein-bau beruht, war auch als ein solcher gedacht. Dem Vorschlag des Jüdischen Weltkongresses von Juli 1945 ähnelnd, der als Matrize zukünftiger Holocaust-Gedenkstätten weniger ein Museum propagierte, als eher eine monumentale Gartenanlage mit einem aus mehreren Hallen bestehenden Zentralgebäude, *de facto* einen

---

[10] Hiroshima Peace Memorial Museum 2004:53: "Shinichi Tetsutani (damals 3 Jahre und 11 Monate alt) war [der Strahlung] ausgesetzt, während er vor dem Haus auf seinem Dreirad fuhr, und verstarb noch am gleichen Tag. Weil Shinichi's Vater fühlte, es sei zu mitleiderregend, einen Dreijährigen alleine in ein weit entferntes Grab zu legen, begrub er seinen Sohn zusammen mit dessen Dreirad im Hinterhof. Im Sommer 1985, 40 Jahre später, wurden seine Gebeine gehoben und in ein formales Grab überführt. Das Dreirad wurde dem Friedensmuseum vermacht."
[11] Vgl. Giamo 2003:720-721.

Schrein, forderte[12], ist das Friedensmuseum die steingewordene Manifestation eines Requiems. Hier steht die Totenmemoria im Mittelpunkt, welche sich gemäß der Tradition des Shintō, aber auch der menschlichen Art an sich, in erster Linie auf die eigenen Toten bezieht. Daher ist es auch verständlich, dass es zu dieser gewollten Sakralisierung der Artefakte kommt. Aus ‚Müll' – denn ein 40 Jahre lang vergrabenes Dreirad ist Müll, wenn der Kontext nicht bekannt ist – werden Reliquien, deren Betrachtung, wenn möglich auch Berührung, eine kathartische Wirkung auf die Besucher haben soll. Die von dem Museum gewünschte Katharsis äußert sich in den Besuchern, die nach Beendigung ihres Rundganges, der kurz vor dem Ausgang noch an Multimedia-Einrichtungen, an denen auf audiovisuellen Medien gespeicherte Zeitzeugenaussagen mehrsprachig abrufbar sind, vorbeiführt, eine verstärkte Abneigung gegen Atomwaffen entwickeln sollen. Hierbei werden neben der Eigenschaft des Requiems zwei weitere Topoi aus dem Bereich der *jibunshi* bedient. Die audiovisuelle Medialisierung der Schilderungen der *Hibakusha* entspricht dem Ablegen eines Zeugnisses über die eigene Existenz und stellt sowohl alleine als auch in Verbindung mit dem Museum als Sanktuarium der Opfer, eine Warnung an die Besucher dar, diesen Fehler in Form des Einsatzes einer Atomwaffe nicht noch einmal zuzulassen. Natürlich liegt außerhalb von offiziellen Besuchern anderer Staaten die Entscheidung über Verwendung oder Nichtverwendung von Atomwaffen selten in den Möglichkeiten eines Besuchers, aber die eben angesprochene Katharsis soll so weitreichend sein, dass jeder einzelne vom Tag seines Museumsbesuches an aktiv gegen Nuklearwaffen protestiert. Hier findet sich der enge Zusammenhang zwischen dem Museum und der Friedensbewegung sowie der Anti-Atomwaffen-bewegung – nicht zu verwechseln mit der Anti-Atomkraft-bewegung, die erst im Zuge der Katastrophe von Fukushima 2011 landesweit größere Bedeutung erlangte.

---

[12] Vgl. Knigge 2002a:380-381.

Obwohl im Friedensmuseum der moralische Aspekt des Atomwaffeneinsatzes allein auf Seiten der USA liegt und somit Hiroshima, ähnlich Auschwitz, welches in der Erinnerung keinen polnischen Ort, sondern einen deutschen Ort der Schande, ein deutsches Problem darstellt, zu einem amerikanischen Problem stilisiert wird, wurden in den vergangenen Jahren ebenso Hinweise auf die japanischen Kriegsverbrechen in die Dauerausstellung aufgenommen. Auch die wechselnden Themenausstellungen beziehen sich zunehmend auf kritische Aspekte der Kriegszeit, wie beispielsweise die Ausstellung 2004/05, welche die Mobilisierung der Studenten analysiert. Die von einigen Kritikern geforderte Einrichtung einer eigenen ‚Aggressorenecke' in der Daueraus-stellung ist allerdings nicht umgesetzt worden.[13] Es wird sich zeigen, inwieweit die Umbaumaßnahmen des Ostflügels von 2014 bis 2016 dies berücksichtigen werden.

Das Friedensmuseum von Hiroshima steht, einem inneren Sanktuarium gleichend, inmitten des Friedensparks, der auf einer Insel im Flussdelta liegt. Dabei bilden die hinter dem Museums-komplex entlanglaufende Friedensstraße (*Heiwa o-dori*) die südliche, die wegen ihrer Unverwechselbarkeit beim Abwurf als Ziel anvisierte T-förmige Aoi-Brücke (*Aoi-hashi*) die nördliche Grenze. Im fest umrissenen, vom Fluss Ota begrenzten Areal liegt nicht nur ein Großteil der Gedenkstätten, sondern hier finden alljährlich am 6. August die Gedenkzeremonien statt. Allerdings besaßen diese anfangs noch keine überregionale Bedeutung, als sie aus dem ersten ‚Friedensfestival' von 1947 hervorgingen, bei dem die Bewohner von Hiroshima erstmals kollektiv ihrer Toten gedachten und der damalige Bürgermeister Shinzo Hamai die erste ‚Friedens-deklaration' (*Peace Declaration*) verlas. Mit zunehmendem Ausbau des Erinnerungsortes Hiroshima wuchs zwar auch seine nationale Bedeutung als ‚Friedensstadt', zu dem er auch durch die Anti-Atomwaffen- und Friedensbewegung stilisiert wurde, aber bis zu den 1970er Jahren stellten die Gedenkfeiern noch keinen nationalen

---

[13] Vgl. Buruma 1996:135-137.

Akt dar, Hiroshima war noch kein Bestandteil der nationalen Erinnerungskultur Japans. Erst mit den Teilnahmen der Premierminister Satō Eisaku 1971 und Miki Takeo 1976 wurde die Gedenkfeier in den Rang eines Staatsaktes erhoben, bei dem, wenn nicht der Regierungschef persönlich, so doch einer seiner Vertreter anwesend ist. Vor allem die Gedenkfeier zum 40. Jahrestag 1985 wurde landesweit aber auch international mit regem Interesse verfolgt. Neun Tage vor seinem Besuch des Yasukuni-Schreins nahm der konservative Premierminister Nakasone Yasuhirō zum zweiten Mal in seiner Amtszeit an den Gedenkfeierlichkeiten teil. Seine nationalistisch erscheinende Politik sorgte für ein großes Echo in den Medien, in dessen Folge über 5.500 Reporter aus aller Welt nach Hiroshima kamen.[14] Somit wurde Hiroshima international.

Lange Zeit zeichneten sich die Zeremonien durch eine Stilisierung Japans als einzige Nation, die einen nuklearen Angriff erlitten hat, aus, wodurch auch impliziert wurde, dass nur japanische Atombombenopfer existierten. Erst während der 1980er Jahre und stärker in den 1990er Jahren veränderte sich allmählich das japanische Selbstbild und ausländische *Hibakusha*, die sich während der Bombardierung in Hiroshima oder Nagasaki aufhielten sowie die weltweit von atomaren Tests betroffenen Menschen wurden als ‚gleichwertige‘ Opfer nuklearer Waffen angesehen. Außerdem zeichneten sich die Gedenkreden inhaltlich durch eine zunehmende Politisierung aus, die sich von den reinen Totenmessen der 1950er und 1960er Jahre unterschieden. Bereits unter dem Einfluss der Friedensbewegung hatte ein Wandel eingesetzt, der neben dem Gedenken der eigenen Toten einen Aufruf zum Weltfrieden und zur Ächtung von Atomwaffen einbezog, wobei auch hierin der sich in der japanischen Erinnerungskultur ständig wiederholende Topos der Mahnung auftritt. 1997 führte die Andachtsrede des damaligen Bürgermeisters Hiruoku Takushi zu einem offenen Bruch mit der Zentralregierung in Tōkyō, als er die bilateralen Beziehungen zwischen

---

[14] Vgl. Miyamoto 2003:68-69.

Japan und den USA heftig kritisierte. Dies stellt insofern eine Ausnahme dar, da die USA in diesen Gedenkreden selten direkt angesprochen, geschweige denn verurteilt, werden. Zumeist wird diese Zurückhaltung sowohl mit einem relativ frühen Umdenken unter den *Hibakusha* erklärt, die aus ihrem anfänglichen Hass gegenüber den USA einen Wunsch nach Frieden und bleibender Einzigartigkeit von Hiroshima und Nagasaki entwickelten, als auch aus der Erinnerung an die Bombe als Art Naturkatastrophe oder buddhistisches beziehungsweise christliches Gottesgericht.

Die eigentlichen Zeremonien werden alljährlich nach dem gleichen Muster abgehalten. Zuerst werden die Namen der im vergangenen Jahr verstorbenen *Hibakusha* in einer symbolischen Beisetzung dem bogenförmigen Zenotaph auf der Freifläche vor dem Mittelbau des Museums beigefügt. Insgesamt waren zum 6. August 2005 231.920 *Hibakusha* – 103.272 Frauen und 128.589 Männer sowie 59 Fälle unbekannten Geschlechts – auf der Totenliste vermerkt, zu denen 5.142 Namen hinzugefügt wurden. Bis zur Zeremonie am 6. August 2014 stieg die Gesamtzahl der Opfer auf 292,325 Menschen. Hinter dem Zenotaph wurde der von Hecken flankierte Friedenssee (*Heiwa no ike*) angelegt, der auch die von der japanischen Junior-Handelskammer gestiftete Friedens-flamme aufnimmt. Durch diese Anordnung wird nicht nur eine auf den Atombomben-Dom (*Genbaku dōmu*) ausgerichtete Achse geschaffen, sondern auch ein Effekt bewirkt, als schaue der Betrachter über Kimme und Korn eines Gewehrlaufes auf das Weltkulturerbe. Welches übrigens gegen den ausdrücklichen Wunsch der USA auf diese weltweit geachtete List gesetzt worden war.

Seit den 1970er Jahren ist der Zenotaph Mittelpunkt einer kontrovers geführten Diskussion, welche sich besonders um das angebrachte Epigraph dreht. Dem Entwurf des Architekten Tange folgend, liegt unter dem Bogen ein sargförmiger Stein mit der japanischen Inschrift ,*Yasuraka ni nemutte kudasai, ayamachi wa kurikaeshimasenu kara*' und ihrer englischen Übersetzung ,*Please rest in peace, for we shall not repeat the mistake'*. Da im japanischen Original kein Äquivalent zu *we* steht, entbrannte hieran 1952 die Diskussion, wer damit gemeint sein könnte. Der indische Jurist Radhabinod B. Pal, der Richter am Internationalen Militärtribunal in Tōkyō gewesen war, besuchte den Friedenspark in jenem Jahr und kommentierte die Inschrift indem er fragte, ob sich das ‚wir' auf diejenige beziehen würde, die direkt verantwortlich für den Einsatz seien. In diesem Fall könne von einem Erlöschen der Schuld aber nicht gesprochen werden. Sollte sich das ‚wir' allerdings auf die Japaner und ihre Kriegsverbrechen beziehen, dürfte der Vorwurf nicht nur ihnen gemacht werden, sondern müsste die Geschichte der ‚kolonialen Invasion' der Westmächte mitberücksichtigen.[15] Die Frage nach dem Subjekt der Inschrift und den ‚Fehlern', die nicht wiederholt werden dürften, spaltete die öffentliche Diskussion und konnte erst in den 1980er Jahren mit Anbringung einer zusätzlichen, den Sachverhalt klärenden Inschrift auf Japanisch und Englisch entschärft werden:

> „Der Zenotaph ruft die Menschen in aller Welt auf, für die Ruhe der Seelen der verstorbenen Opfer der Atombombe zu beten und sich dem Gelöbnis anzuschließen, das Übel des Krieges nie mehr zu wiederholen. Es spricht aus dem ‚Herzen von Hiroshima'. Das vergangenes Leid nicht vergisst und den Hass überwindet und so nach Verwirklichung des Weltfriedens strebt."[16]

An diesen Akt symbolischer Beisetzung schließen sich die Rede eines Vertreters der Stadtverwaltung und die Blumenopfer am Zenotaph an. Letztere enden Punkt 8.15 Uhr, dem Augenblick der Detonation, mit einer Schweigeminute, während der die, sich ebenfalls auf dem Gelände des Parks befindende, ‚Friedensglocke' von einem Erwachsenen und einem Kind geschlagen wird. Im

---

[15] Vgl. Yoneyama 1999:16-17.
[16] Buruma 1996:118.

Anschluss daran hält der jeweils amtierende Bürgermeister von Hiroshima seine ‚Friedenserklärung'. Nach der Freilassung von 1.500 Tauben als Symbole des Friedens, halten zuerst ein Kind und anschließend daran der japanische Premierminister, der Gouverneur der Präfektur Hiroshima und der Generalsekretär der Vereinten Nationen (UNO) ihre Reden. Die Zeremonie endet mit dem Auftritt eines Chores. Am Abend des 6. August findet an den Flussufern des Deltas die Zeremonie des *tōrō nagashi* statt, bei der Papierlaternen vom Wasser des Motoyasu getragen, in die Bucht von Hiroshima schwimmen gelassen werden. Sie symbolisieren die im Wasser treibenden Leichen. Seinen Ursprung hat dieser Brauch in den Ritualen im Zuge des buddhistischen Totenfests *O-Bon*[17]

Von den weiteren Gedenkstätten im Friedenspark und der gegenüberliegenden, östlichen Uferseite fällt besonders die ‚Statue des Gebets' auf, in der sich ein Lautsprecher befindet, welcher für eine musikalischen Untermalung sorgt, sobald sich ein Besucher dem Mahnmal nähert. Seit 1999 hat auch das Denkmal für die koreanischen Opfer der Atombombe Aufnahme unter die Mahnmale des Friedensparks gefunden. In der öffentlichen Debatte war diese Versetzung des Denkmals, das als einziges in der Stadt nicht nur den Opfern der Atombombe gewidmet ist, sondern gleichzeitig auch die Befreiung Koreas aus der japanischen Unterdrückung symbolisiert und damit eine Art Siegesdenkmal darstellt, umstritten. Die Kontroverse um das Denkmal gründete sich auf dessen vorherigen Standort außerhalb des Parks, was insbesondere von Vertretern koreanischer *Hibakusha*, von denen es ungefähr 30.000 gibt, als diskriminierend empfunden worden war. Dieser alte Standort ergab sich allerdings weniger aus diskriminierenden Motiven, als vielmehr aus dem Umstand, dass an jenem Ort der in der kaiserlichen Armee Japans dienende koreanische Prinz Yi U

---

[17] *O-Bon* ist ein buddhistischer, japanischer Feiertag zu Ehren der Verstorbenen, deren Seelen während dieses Festes die Möglichkeit haben, ihre Verwandten aufzusuchen. In Ost-Japan wird es Mitte Juli und in West-Japan Mitte August begangen.

nach der Explosion tot aufgefunden worden war. Natürlich spielte auch hinein, dass Hiroshima die letzten Jahrzehnte über als Sinnbild für das japanische Opfersein verstanden wurde. Ähnlich Deutschland, wo zuerst den eigenen Opfern des Krieges und der Bombardierungen gedacht wurde und erst später den Opfern des nationalsozialistischen Regimes, standen auch in Hiroshima die eigenen Opfer im Mittelpunkt. Zu dem Zeitpunkt der Errichtung des Denkmals der Koreaner im Jahr 1970, war der Friedenspark bereits geplant und ein dort existierendes Bauverbot verhinderte generell den Bau von Mahnmalen innerhalb des Parks. Nach Aufhebung dieses Bauverbotes verhinderte die Unfähigkeit nord- und südkoreanischer Interessengruppen, ein gemeinsames Konzept zu finden, den Umzug.[18] Neben den bereits genannten, finden sich weitere Erinnerungsorte in Form von Bäumen, Gebäuden und Mahnmalen über die Stadt verstreut. Auf anderthalb Meter hohen Gedenkstelen wurden Kupferstiche alter Photographien des jeweiligen Ortes angebracht und durch die wichtigsten Informationen ergänzt, die zeigen, wie er in den Tagen nach der Explosion ausgesehen hat.

Der sich an einem Ende der Achse befindende Atombombendom war nicht von Anfang an unumstrittenes Symbol von Hiroshima. Anfänglich nahm er zwischen den anderen Überresten der zerstörten Stadt keine Sonderstellung ein, so dass auch über seinen Abriss zusammen mit dem Gebäude der Nippon-Bank und dem Rotkreuz-Hospital (*Hiroshima Sekijūji / Genbaku Byōin*) debattiert worden ist. Hier traf der Wunsch, ein Monument zu haben, welches weiterhin das alte, zerstörte Hiroshima repräsentiert, auf stadtplanerischen Pragmatismus und leere Stadtkassen, die sich eine den jetzigen Zustand erhaltene Renovierung nicht leisten konnten. Hinsichtlich des Rotkreuz-Hospitals, dessen bisherige Bausubstanz für weitere Nutzung nicht mehr ausreichte, ergaben sich zwei Möglichkeiten. Die erste sah einen völligen Abriss und Neubau an der gleichen Stelle vor, während die zweite einen

---

[18] Vgl. Buruma 1996:122-123; Miyamoto 2003:160-161; Yoneyama 1999: 176.

Umzug des Krankenhauses und einen Erhalt des Gebäudes darstellte. Letztendlich wurde sich für einen Mittelweg entschieden. Das bisherige Hospital wurde abgerissen, wobei Gebäudeteile, die noch an die Schäden durch die Atombombe erinnern, im Friedensmuseum ausgestellt wurden. Des Weiteren erfolgte eine Verarbeitung weiterer Fragmente des alten Hospitals im Krankenhausneubau. Hinsichtlich des neo-klassizistischen Gebäudes der Nippon Bank, das wie auch das Hospital weiterhin verwendet wurde, konnte noch keine endgültige Einigung getroffen werden. Es war geplant, dieses Gebäude 1992 abzureißen, um es an anderer Stelle und neuer Funktion als Stadtbibliothek, historisches Museum oder Erinnerungshalle wiederaufzubauen. Allerdings hat sich seitdem keine endgültige Entscheidung ergeben, weshalb das Gebäude weiterhin unbenutzt in der Innenstadt steht.

Um den Verbleib des Atombombendoms wurde die Debatte kontroverser geführt, da er eine Ruine ohne ökonomischen Nutzen darstellt. Als Erinnerungsort war er stark umstritten, da er den Kontrast zur florierenden Metropole darstellte und somit als Symbol für das ‚Phönix-Image' von Hiroshima verstanden wurde. Zudem repräsentiert er für die *Hibakusha* eine ununterbrochene Erinnerung an die Katastrophe, die vor sechzig Jahren über sie hereinbrach. Weil für die notwendige Konservierung der Ruine das nötige Geld fehlte, kam es bereits Ende der 1960er Jahre zu Spendensammlungen, die den Erhalt finanziell absichern sollten. Zu Beginn der Konservierungsmaßnahmen 1989 wurden bei regionalen und landesweiten Spendenaktionen innerhalb von 100 Tagen 100 Millionen Yen gesammelt und bis 1990 waren mehr als die benötigten 390 Millionen Yen zusammengekommen, so dass Hiroshimas beliebtestes Photomotiv erhalten blieb.[19]

Diese Debatten um Abriss oder Erhaltung von Überresten der Zerstörung muss in Zusammenhang mit der Anfang der 1980er

---

[19] Vgl. Yoneyama 1999:67-75.

aufkommenden Diskussion um eine Neuorientierung im Selbstbild der Stadt gesehen werden. In Zusammenhang mit einer von der Präfektur geplanten, in der Stadt Hiroshima stattfindenden ‚Sea and Island Exposition' stellte sich die Frage, wie in Zukunft mit dem Image des ‚sakralen' Platzes Hiroshima umgegangen werden sollte. Speziell Vertreter der Tourismusbranche legten Wert darauf, ein Konzept zu finden, was der Stadt eine Veränderung weg von ihrem ‚dunklen' Image ermöglichen sollte. Obgleich Hiroshima Symbol des Friedens geworden ist, weckt der Gedanke an Frieden immer die Konnotation der völligen Vernichtung der Stadt, was sich auch in seiner Bezeichnung als ‚dunkler Friede' (*kurai heiwa*) ausdrückt.[20] Ziel wurde daher die Suche nach Möglichkeiten, Touristen ein ‚helles' Hiroshima zu präsentieren, bei dessen Besuch nicht länger über Frieden und atomare Zerstörung nachgedacht werden müsse. Um eine räumliche Trennung zum Friedenspark zu erreichen, dessen Symbolgehalt außerhalb jeglicher Debatten um eine Neudefinition des Selbstbildes der Stadt stand, sollte Motomachi, der Bereich der alten Burgstadt Hiroshima, zu diesem neuen Wirtschafts- und Unterhaltungszentrum ausgebaut werden. Aus der ‚Friedensstadt' sollte eine ‚Internationale Kulturstadt' Hiroshima werden, mit Messehallen, Anlagen für sportliche Großereignisse, Fernseh- und Radiostationen, Theatern und Einkaufspassagen. Die Schaffung eines solchen Zentrums in räumlicher Nähe zu den Überresten der Festungsanlage sollte eine Kontinuität von der Burgstadt zur modernen Metropole suggerieren, wobei der 6. August 1945 ausgelassen worden wäre. Diese Bestrebungen bildeten den Versuch, sich zu einer ‚normalen' Stadt zu entwickeln und die Erinnerung an die Atombombe an den Rand des kulturellen Gedächtnisses zu drängen. Da die bisher – und auch weiterhin – wichtigste Veranstaltung die durch innere Einkehr geprägte Gedenkfeier zum Jahrestag des Atombomben-abwurfs ist, wurde im Mai ein ‚Blumenfestival' etabliert, welches den Besuchern ein feierndes Hiroshima zeigen sollte. Die

---

[20] Vgl. Yoneyama 1999:46.

Ursprünge des Festes liegen im sportlichen Bereich und gehen auf eine Parade zum Anlass des Gewinns der Meisterschaft in der nationalen Baseball-Liga zurück.[21] Jedoch musste dieser Versuch in der geplanten Größenordnung scheitern, so wie er gescheitert wäre, wenn Auschwitz sich um ein neues Selbstbild bemühen würde.

Zwar hat sich mittlerweile das Bild der ‚Kulturstadt' Hiroshima in die öffentliche Wahrnehmung eingefügt, doch wird es immer noch von dem der Friedensstadt überschattet, die nicht nur einen Erinnerungsort der zivilen Opfer darstellt, sondern auch einen Aufruf zum Weltfrieden beinhaltet. So wie die nationale Erinnerungskultur Japans den Tod der gefallen Soldaten uminterpretiert, in dem er zur Voraussetzung des friedlichen Aufstiegs Japans nach dem Kriege wurde, werden bei der Inszenierung der Gedenkfeier für die Toten, welche alljährlich in den Schrein von Hiroshima aufgenommen werden, zu Märtyrern des Weltfriedens. Während im Yasukuni-Schrein in Tōkyō der Seelen gefallener Soldaten gedacht wird, welchen eher eine aktive Rolle im Krieg, wenn nicht als Täter, so doch als Täter und Opfer zugleich, zugesprochen wird, ist Hiroshima der Schrein der Zivilbevölkerung, der Schrein der Opfer und sein Sanktuarium der Friedenspark.

---

[21] Vgl. Yoneyama 1999:57.

Der Atombombendom ist die einzige noch erhaltene Ruine aus der Zeit vor dem Atombombenabwurf. (Quelle: ©chuugo – Fotolia.com)

Der Atombombendom mit seiner restaurierten Kuppel – das Original
befindet sich im Friedensmuseum (Quelle: ©pcalapre – Fotolia.com)

Hauptgebäude und Ostflügel des Friedensmuseums Hiroshima (Quelle: Friedensmuseums Hiroshima)

Die Originalkuppel des Atombombendoms in der ersten Halle der
Ausstellung (Quelle: Friedensmuseums Hiroshima)

Modell der zerstörten Stadt. Die rote Kugel zeigt den Ort der Detonation
über dem Rot-Kreuz-Hospital (Quelle: WHK)

Bildtapete mit Blick auf das zerstörte Hiroshima. Links der Atombombendom, rechts die T-förmige Aoi-Brücke. (Quelle: WHK)

Bis auf den Schattenwurf des Ventils durch die Hitzestrahlung verbrannte
Wand (Quelle: Sächsische Landesbibliothek – Staats- und
Universitätsbibliothek Dresden)

Hiroshima nach dem Atombombenabwurf (Quelle: Friedensmuseum
Hiroshima – aufgenommen von Hayashi Shigeo)

Ausgebrannter Wagen der städtischen Straßenbahn (Quelle:
Friedensmuseum Hiroshima – aufgenommen von Nakata Satsuo)

Ausstellungsstücke beschädigter Kleidung. Auf den oberen Bildern lassen sich die Auswirkungen erkennen, wenn Kleidung aufgrund der Hitze mit der Haut verschweißt wird. (Quelle: Friedensmuseum Hiroshima)

Der Atombombendom inmitten der Zerstörung (Quelle: Friedensmuseum
Hiroshima – aufgenommen von Hayashi Shigeo)

(Quelle: Quelle: Sächsische Landesbibliothek – Staats- und
Universitätsbibliothek Dresden)

Überlebende in den Ruinen Hiroshimas (Quelle: Sächsische Landesbibliothek – Staats- und Universitätsbibliothek Dresden)

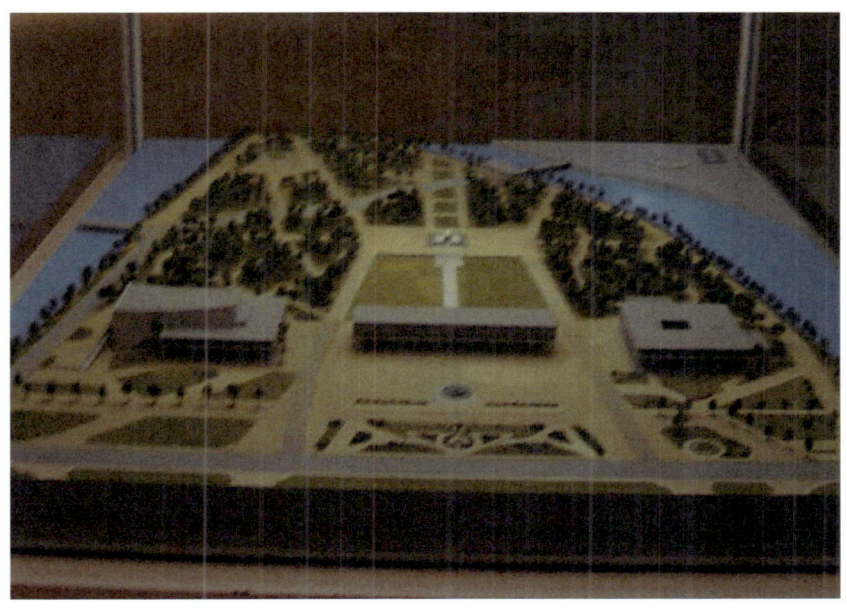

Modell des Friedensparks mit Museumskomplex (Quelle: WHK)

Flamme und Zenotaph bilden eine Achse zwischen Museum und
Atombombendom (Quelle: WHK)

Blick durch den Zenotaph über die Flamme auf den Atombombendom
(Quelle: WHK)

Der Zenotaph ist Aufbewahrungsort der Listen mit den Namen der Opfer.
(Quelle: mit freundlicher Unterstützung des Friedensmuseum Hiroshima)

Die Friedensglocke im Friedenspark. (Quelle: ©Tupungato – Fotolia.com)

Gedenkstein, im Hintergrund der Atombombendom. (Quelle: WHK)

Gedenktafel des Atombombendoms. (Quelle: WHK)

Gedenkstein der Studenten (Quelle: ©sinoday – Fotolia.com)

Gedenkstein (Quelle: WHK)

Toranlage der 1958 wiederaufgebauten Karpfenburg – heute Museum für
Stadtgeschichte vor 1945. (Quelle: ©pcalapre – Fotolia.com)

Kinder-Friedensmonument (Quelle: mit freundlicher Unterstützung des Friedensmuseum Hiroshima)

Gedächtnisturm (Quelle: WHK)

Gedenkstein am Haupttor der Karpefenburg (Quelle: WHK)

Hiroshima Gokoku-Schrein in der Burganlage zu Ehren der gefallenen und hier verehrten Soldaten aus Hiroshima. (Quelle: WHK)

*Tōrō nagashi* anlässlich der Gedenkfeiern am 6. August. (Quelle: Sächsische Landesbibliothek – Staats- und Universitätsbibliothek Dresden)

# Literaturverzeichnis

BURUMA, Ian
1996    *Erbschaft der Schuld. Vergangenheitsbewältigung in Deutsch-land und Japan.* Reinbek: Rowohlt.

DUFFY, Terence
1997    „The Peace Museums in Japan", in: *Museum International* 196 Vol. 49, No. 4 1997. Malden: Blackwell Publisher. S. 49-54.

GIAMO, Benedict
2003    „The myth of the vanquished. The Hiroshima Peace Memorial Museum", in: *American Quarterly* Vol.55 Nr.4 Dezember 2003, S. 703-728.

Hiroshima Peace Memorial Museum (Hg.)
2004    *Hiroshima wo sekai ni. The Spirit of Hiroshima. An introduction to the Atomic Bomb Tragedy by the Hiroshima Peace Memorial Museum* (Ausstellungsführer). Hiroshima: Hiroshima Peace Memorial Museum.

KNIGGE, Volkhard
2002a    „Gedenkstätten und Museen", in derselbe/Norbert Frei *Verbrechen erinnern. Die Auseinandersetzung mit Holocaust und Völkermord.* München: Beck, S. 378-389.

KOCH, Gertrud
2001    „Affekt oder Effekt: Was haben Bilder, was Worte nicht haben?", in: Harald Welzer (Hg.) *Das Soziale Gedächtnis. Geschichte, Erinnerung, Tradierung.* Hamburg: Hamburger Edition HIS Verlagsgesellschaft. S.123-133.

MIYAMOTO Yuki
2003    *Narrative Boundaries: The ethical implications of reinterpreting atomic bomb histories* (Dissertation). Chicago: University of Chicago Press.

YONEYAMA, Lisa
1999    *Hiroshima Traces. Time, Space, and the Dialectics of memory.*
Berkeley/Los Angeles/London: University of California Press.

# Hinweise für interessierte Autoren

Die Reihe *Carrière - Steinbruch ethnologisch-kulturwissenschaftlicher Beiträge* ist insbesondere für junge Autoren gedacht, denen bislang eine passende Publikationsplattform für von ihnen bearbeitete Themen fehlte. Nicht nur Studenten höherer Fachsemester fällt es aufgrund fehlender „akademischer Weihen" eventuell schwer, mit ihren Manuskripten, Referaten oder Essays ein Publikum außerhalb des Hörsaales zu erreichen. Dabei finden sich gerade hier oftmals gute und förderungswürdige Ansätze, die aber leider häufig verloren gehen, da sie keinen Eingang in spätere, veröffentlichte Arbeiten finden. *Carrière - Steinbruch ethnologisch-kulturwissenschaftlicher Beiträge* soll dabei mehr sein, als nur ein Titel – es ist ein Motto: neben in sich geschlossenen, fertig gestalteten Arbeiten sind es gerade unfertige, thematisch angerissene Projekte, die ähnlich einem heraus gebrochenen und roh vorgearbeitetem Stein der Allgemeinheit zugänglich gemacht werden, damit ein weiterer Künstler respektive Handwerker seines Faches diesen Stein aufgreift und vollendet.

*Carrière - Steinbruch ethnologisch-kulturwissenschaftlicher Beiträge* druckt dabei Originalbeiträge in deutscher oder englischer Sprache ab. Beigefügte Bilder oder Unterlagen müssen einen Herkunfts- und Erlaubnisvermerk für die Wiedergabe haben. Bei eingereichten Materialien von weniger als 30 Seiten (Formatierungsvorlage folgend) behält sich der Herausgeber vor, diese in einer Art Sammelband zu veröffentlichen. Einem Wiederabdruck an anderer Stelle steht seitens des Herausgebers nichts im Wege, solange sichergestellt ist, dass die Veröffentlichung in der Reihe *Carrière - Steinbruch ethnologisch-kulturwissenschaftlicher Beiträge* zeitlich früher erfolgt.

Hinweise zur Formatierung:

Um die Publikationen innerhalb der Reihe *Carrière - Steinbruch ethnologisch-kulturwissenschaftlicher Beiträge* für die Autoren weitgehend kostenfrei gestalten zu können, ist die Mitarbeit jedes einzelnen Autors unumgänglich. Dies gilt insbesondere in der Layoutgestaltung der Manuskripte. Kurz gesagt, von komplexen Vorformatierungen sollte Abstand genommen werden. Folgend ein paar Hinweise zur Gestaltung.

Längere Aufsätze sollten durch Zwischenüberschriften unterteilt werden. Überschriften sind in der gleichen Schriftgröße in Fett zu formatieren. Weitere Zwischenüberschriften sind durch vorangehende und folgende Leerzeilen vom laufenden Text abzusetzen. Eine weitere Hervorhebung erfolgt nicht.

Der Beitrag kann Abbildungen, Schaubilder und Graphiken enthalten, die je nach Bildfolge durchnummeriert, durch einen knappen Text erläutert und mit einer Quellenangabe versehen werden. Bei Abbildungen stehen die Angaben im Gegensatz zu Tabellen unter der dazugehörenden Abbildung. Die Abbildungen sind zusätzlich als Bilddatei in komprimierter Form einzureichen (.jpg, .jpeg).

Literaturangaben sowie Anmerkungen erfolgen in Fußnoten. Die Aufschlüsselung der Literaturangaben erfolgt im Literatur- und – falls gegeben – Quellenverzeichnis am Ende des Essays. In der Fußnote erfolgen Literaturangaben im Schema: Ropohl 1979:12. Angaben wie *ff* hinter Seiten sind zu vermeiden. Auch bei Online-Quellen gilt es Autor und / oder Herausgeber anzugeben – zusätzlich das Abrufdatum.

Rechtschreibung & Schreibweise: Es sind entweder die Regeln der alten Rechtschreibung oder die der neuen Rechtschreibung anzuwenden. Mischformen sollten vermieden werden. Der Autor ist für die orthographische sowie grammatikalische Korrektheit seines Beitrages verantwortlich. Fremdwörter aus flektierenden Sprachen können grammatikalisch in den deutschen Fließtext eingearbeitet werden (z.B. die Kreuzigung Christi). Bei nicht flektierenden Sprachen ist auf Genitiv- oder Pluralkennzeichnungen zu verzichten (z.B. ein Samurai, zwei Samurai). Nicht im Duden stehende Fremdwörter sind kursiv zu setzen. Das gilt nicht für Eigennamen. Der Text sollte weder automatische noch handgesetzte Trennungen enthalten. Der gesamte Text ist in herkömmlicher Groß- und Kleinschreibung zu verfassen. Auf Versalien-Schrift ist zu verzichten. Hervorhebungen erfolgen ausschließlich kursiv.

Abkürzungen sind beim ersten Auftreten in folgender Klammer zu entschlüsseln, es sei denn, es handelt sich um eingebürgerte Abkürzungen außerhalb von Fachsprachen. Zahlen kleiner als 13 sind als laufender Text zu schreiben. Sonderzeichen sind im Fließtext mit Bedacht zu gebrauchen. Insbesondere auf Sonderzeichen, die für verschiedene Textverarbeitungsprogramme spezifisch sind, sollte verzichtet werden

Anführungszeichen und Apostrophe: Typographische Anführungszeichen stehen am Anfang unten („) und am Ende oben und kopfstehend ("). Bitte achten Sie darauf, dass nicht unterschiedliche Sorten von Anführungszeichen gemischt werden. Um Apostrophe zu erzeugen (bei einfachen Anführungen, bei Auslassungen wie bei „für's" oder Genitiven im Englischen [nicht im Deutschen]) die Apostroph-Taste betätigen (SHIFT+#), nicht die Taste accent-grave ^ oder accent-aigu (').

Manuskripte sind an den Herausgeber zu richten:


Kalden-Consulting

Email: info@kalden-consulting.de